BEI GRIN MACHT SICH IHR
WISSEN BEZAHLT

- Wir veröffentlichen Ihre Hausarbeit,
  Bachelor- und Masterarbeit

- Ihr eigenes eBook und Buch -
  weltweit in allen wichtigen Shops

- Verdienen Sie an jedem Verkauf

Jetzt bei www.GRIN.com hochladen
und kostenlos publizieren

Bibliografische Information der Deutschen Nationalbibliothek:

Die Deutsche Bibliothek verzeichnet diese Publikation in der Deutschen National-bibliografie; detaillierte bibliografische Daten sind im Internet über http://dnb.d-nb.de/ abrufbar.

Impressum:

Copyright © 2018 GRIN Verlag
Druck und Bindung: Books on Demand GmbH, Norderstedt Germany
ISBN: 9783346067265

Sascha John

Trainingsplanung Krafttraining für einen Trainingsbeginner inkl. Blutdrucksenkung und präventivem Rückentraining

Einsendeaufgabe Trainingslehre 1

GRIN Verlag

GRIN - Your knowledge has value

Der GRIN Verlag publiziert seit 1998 wissenschaftliche Arbeiten von Studenten, Hochschullehrern und anderen Akademikern als eBook und gedrucktes Buch. Die Verlagswebsite www.grin.com ist die ideale Plattform zur Veröffentlichung von Hausarbeiten, Abschlussarbeiten, wissenschaftlichen Aufsätzen, Dissertationen und Fachbüchern.

Besuchen Sie uns im Internet:

http://www.grin.com/

http://www.facebook.com/grincom

http://www.twitter.com/grin_com

Einsendeaufgabe

Fachmodul:	Trainingslehre 1
Studiengang:	Fitnessökonomie
Datum Präsenzphase:	26.02.2018 – 01.03.2018
▉▉▉▉▉▉	▉▉▉
Name, Vorname:	John, Sascha
Studienort:	**Hamburg**
Semester:	**WS 2017/2018**

Inhaltsverzeichnis

1 Lösung Aufgabe 1...3
   1.1   Lösung Aufgabe 1.1..3
   1.2   Lösung Aufgabe 1.2..4

2 Lösung Aufgabe 2...6

3 Lösung Aufgabe 3...7

4 Lösung Aufgabe 4...10

5 Lösung Aufgabe 5...13

6 Literaturverzeichnis 15

7 Abbildungs- und Tabellenverzeichnis 16
   7.1   Tabellenverzeichnis..16

1   Lösung Aufgabe 1

Um einen optimalen, auf den Kunden angepassten, Trainingsplan erstellen zu können, müssen im Voraus einige Daten und Information zum Kunden festgehalten und dokumentiert werden. Dies geschieht mittels Eingangsgespräch.

1.1   Lösung Aufgabe 1.1

Tab. 1: Allgemeine Daten

Alter	23
Geschlecht	Männlich
Körpergröße in cm	185
Körpergewicht in kg	84,7
Trainingsmotive	Im Sommer gut aussehen, keine Rückenschmerzen bekommen und Senkung des Blutdrucks
Berufliche Tätigkeit	Bürokaufmann (primär sitzend)
Frühere sportliche Betätigung	Leichtathletik bis zum 17 Lebensjahr, 3x die Woche 1,5-2 Stunden
Aktuelle sportliche Betätigung	-
Verfügbare Zeit	Maximal 3x die Woche 1,5 Stunden

Tab. 2: Biometrische Daten

Parameter	Ist-Wert (Kunde)	Normwert	Bewertung
Blutdruck in mmHg	131/86 mmHg	120/80 mmHg	hochnormal

Tab. 3: Blutdruck Normwerte (Mancia et. al., 2013, 1927)

Blutdruckklassifikation	Systolischer Blutdruck	Diastolischer Blutdruck
Normblutdruck (Normotonie)		
optimal	unter 120 mmHg	unter 80 mmHg
normal	unter 130 mmHg	unter 85 mmHg
hochnormal	unter 140 mmHg	unter 90 mmHg
Bluthochdruck (arterielle Hypertonie)		
Stufe 1	140-159 mmHg	90-99 mmhg
Stufe 2	160-179 mmHg	100-109 mmHg
Stufe 3	> 180 mmHg	> 110 mmHG

Tab. 4: Allgemeiner Gesundheitszustand

orthopädische Probleme	-

internistische Probleme	-	
Einnahme von Medikamenten	-	

Aufgrund keiner Einschränkungen des Kunden hinsichtlich seines Gesundheitszustandes sind keine Besonderheiten bezüglich der Trainierbarkeit bzw. möglicher Trainingseinschränkungen zu berücksichtigen.

1.2 Lösung Aufgabe 1.2

Um den aktuellen Leistungszustand des Trainierenden zu ermitteln, bieten sich verschiedene Möglichkeiten der Krafttestung an. Bei dem X-RM Krafttest wird versucht, mit einer vorher festgeschriebenen Wiederholungszahl mit einem maximal hohen Testgewicht die vorgeschriebene Wiederholungszahl zu bewältigen, so dass die letzte Wiederholung konzentrisch gerade noch so zu bewältigen ist, wie es bei dem von Eifler (2017, S.127) dargestellten Fall in einem 12-RM der Fall war. Aufgrund dessen, dass der Trainierende keine gesundheitlichen Einschränkungen mit sich bringt, eignet sich dieser Krafttest, da einerseits während der Testung auf keine internistischen, orthopädischen oder gesundheitlichen Einschränkungen Rücksicht genommen werden muss. Des Weiteren kann die später vorgeschriebene maximale Wiederholungszahl auf die folgende Mesozyklusplanung ausgerichtet werden. Im Hinblick auf die Krafttestung durch den Mehrwiederholungskrafttest (X-RM) ist in diesem Fall die Wiederholungszahl auf maximal 20 Wiederholungen begrenzt, da der folgende Mesozyklus sich auf ein Kraftausdauertraining bezieht, in welchem mit einer Wiederholungszahl von 20 Wiederholungen trainiert wird. Zwar bringt der Kunde keine Trainingserfahrung mit sich, jedoch durchlief er bereits eine Eingewöhnungsphase des Krafttrainings.

Bevor ein solcher Krafttest durchgeführt wird, ist ein allgemeines und darauf folgend ein spezielles Aufwärmen notwendig. Das allgemeine Aufwärmen sollte durch Bewegungen stattfinden, bei denen das Herz-Kreislaufsystem primär beansprucht wird, wie z. B. durch Laufen oder Radfahren. Der Aufwärmpuls sollte sich bei 160 abzüglich Lebensalter für 5-15 Minuten befinden (je nach Leistungszustand). Hintergrund ist, dass die Kernkörpertemperatur ansteigt, wodurch biochemische Stoffwechselvorgänge durch die erhöhte Enzymaktivität besser und schneller ablaufen können, die beteiligten Muskeln besser mit Sauerstoff und Nährstoffen versorgt werden können und die Nervenleitgeschwindigkeit besser gewährleistet werden kann, wodurch es zu einer schnelleren Muskelkontraktionsgeschwindigkeit kommt (Eifler, 2017, S.53f.).

Darauf folgend erfolgt ein spezielles Aufwärmen, welches die Zielsetzung hat, die in der darauffolgenden Übung beteiligten Muskel- und Gewebsstrukturen aufzuwärmen, um das Verletzungsrisiko gering zu halten (Eifler, 2017, S.55). Es erfolgen bis zu 3 Aufwärmsätze mit einer prozentualen Festlegung des Aufwärmgewichts anhand des Arbeitsgewichts. Der erste Satz des speziellen Aufwärmens sollte mit 8 Wiederholungen und 50 % des Arbeitsgewichtes durchgeführt werden, der zweite Aufwärmsatz mit 3 Wiederholungen und 70% des Arbeitsgewichtes und der dritte mit einer Wiederholung und 80% des Arbeitsgewichtes (Eifler, 2017, S.255). Bevor der erste Testsatz durchgeführt werden kann, muss die Belastungsdichte festgelegt werden sowie die Übungsausführung, also was als vollständige Ausführung gewertet wird. Grundsätzlich ist eine vollständige Wiederholung danach zu bewerten, dass sie über die vollständige Bewegungsamplitude ausgeführt wird. Die Wiederholungsgeschwindigkeit sollte auch festgelegt werden, um einerseits in dem anvisierten Trainingseffekt bzw. im anvisierten Trainingsbereich mit der dazugehörigen „Time Under Tention" zu trainieren, andererseits, um keine Wiederholung abzufälschen. Die Belastungsdichte liegt bei 3 Minuten Pause zwischen den Testsätzen (Eifler, 2017, S.127). Nachdem der erste Testsatz abgeschlossen ist, wird, sofern die angezielte Wiederholungszahl erreicht wurde, das Gewicht des ersten Testsatzes um 5, 10 oder 25 % gesteigert, je nachdem, wie der Trainierende das subjektive Belastungsempfinden einschätzt. Anschließend werden die Ergebnisse zusammengetragen und können wie in unserem Beispiel anhand der ILB-Methode (Individuelle-Leistungsbild-Methode) auf die weitere Trainingsplanung des folgenden Mesozyklus übernommen werden.

Tab. 5: 20-RM Krafttest

	Testsatz 1.	Testsatz 2.	Testsatz 3.	Endergebnis
Beinpresse	80 Kg/ 20 Wdh.	100 Kg/ 20 Wdh.	105 Kg/ 19 Wdh.	105 Kg
Kniebeugemaschine	60 Kg/ 20 Wdh.	75 Kg/ 17 Wdh.	-	60 Kg
Rudern am Gerät	50 Kg/ 20 Wdh.	55 Kg/ 20 Wdh.	-	55 Kg
Latzug vertikal	40 Kg/ 20 Wdh	50 Kg/ 20 Wdh.	55 Kg/ 20 Wdh.	55 Kg
Brustpresse	60 Kg/ 20 Wdh.	75 Kg/ 20 Wdh.	-	75 Kg
Butterflymaschine	40 Kg/20 Wdh.	45 Kg/ 20 Wdh.	-	45 Kg

Seithebenma- schine	10 Kg/ 20 Wdh.	-	-	10 Kg
Rückenstrecken am Gerät	20 Kg/ 20 Wdh.	25 Kg/ 20 Wdh.	30 Kg/ 18 Wdh.	25 Kg
Crunch Gerät	15 Kg/ 20 Wdh.	-	-	15 Kg

Die Ergebnisse dieses Krafttests sind hilfreich in Bezug auf die weitere Trainingspla-nung des Mesozyklus, da man anhand der ausgewählten Wiederholungsanzahl den fol-genden Mesozyklus, welcher sich auf ein Kraftausdauertraining bezieht, besser planen kann. Anhand der ILB-Methode (Individuelle-Leistungsbild-Methode) können Trai-ningsintensitäten von 50-70% abgeleitet werden, da der Trainierende aufgrund seiner nicht vorhandenen Trainingserfahrung als Beginner eingestuft werden kann (Eifler, 2017, S.162). Die Trainingsintensitäten steigern sich von Mikrozyklus zu Mikrozyklus (jede Woche bis jede zweite Woche), so dass am Ende des Mesozyklus mit einer Inten-sität von 70% trainiert wird. Hinsichtlich des Vergleichs mit Referenzdaten sind diese kritisch zu sehen, da zu viele Stör- und Individualfaktoren die einzelnen Ergebnisse beeinflussen. Anderweitig jedoch bietet sich ein erneuter 20-RM Test nach Ende des geplanten Mesozyklus als Re-Test an, um eine mögliche Verbesserung oder auch Ver-schlechterung des Leistungsstandes dokumentieren zu können.

2 Lösung Aufgabe 2

Tab. 6: Zielsetzung

Ziel	Inhalt	Ausmaß	Zeit
Blutdrucksenkung	Senkung des systolischen und diastolischen Blutdrucks	Von 131/86 mmHg auf 120/80	2-3 Monate
Muskelaufbau	Zunahme an fettfreier Mus-kelmasse	3 Kg reine Mus-kelmasse	6 Monate
Präventives Rückentraining	Stärkung des Rückenstreckers aufgrund Bü-rotätigkeit	20 Kg mehr bei der Übung „Rü-ckenstrecken am Gerät"	6 Monate

In dem Eingangsgespräch mit dem Kunden nannte er 3 unterschiedliche Trainingsmoti-ve: im Sommer besser aussehen, Blutdrucksenkung & keine Rückenschmerzen bekom-men.

In Bezug auf das Trainingsmotiv Muskelaufbau wurde ein Ausmaß von 3 Kilogramm in 6 Monaten festgelegt. Bei einer normalen Genetik geht man von einem Muskelmassenzuwachs im ersten Trainingsjahr von 5-8 Kilogramm aus, im zweiten Trainingsjahr 3-5 Kilogramm und im dritten Trainingsjahr von etwa 2-3 Kilogramm aus (Eifler, 2017, S.45). Aufgrund dessen, dass mein Kunde ein Trainingsbeginner ist, ist ein Muskelmassezuwachs von 3 Kilogramm in 6 Monaten als erreichbar einzustufen. Als zweites Trainingsmotiv gab der Kunde das Verhindern von Rückenschmerzen an, was bei einer sitzenden Tätigkeit durchaus befürchtet werden kann. Das Ziel ist, den Rückenstrecker zu stärken und, genauer, sich bei der Übung „Rückenstrecken am Gerät" um 20 Kilogramm zu verbessern. Durch das viele Sitzen hat der Kunde eine hohe Falschbelastung auf den LWS-Bereich, weshalb der Rückenstrecker anvisiert wird. Das Trainingsmotiv der Blutdrucksenkung kann auch als biometrisches Ziel eingeordnet werden. Der Blutdruck des Kunden liegt bei 131/86 mmHg. Dieser ist als Hochnormal einzustufen (Vgl. Tab. 3). Bereits im Eingangsgespräch wurde die Blutdrucksenkung als Trainingsmotiv festgehalten. Aufgrund dessen ist das Ziel, die Blutdrucksenkung des systolischen als auch diastolischen Blutdrucks auf das Optimum, welches bei 120/80 mmHg liegt. Da eine Senkung des systolischen Blutdruckdrucks um 10-15 mmHg und eine Senkung des diastolischen Blutdrucks um 5-10 mmHg innerhalb von 3 Monaten als realistisch einzustufen ist, ist die zeitliche Zielsetzung auf 2-3 Monate festgelegt (Eifler, 2017, S.44). Abschließend ist zu sagen, dass bei der Trainingsdurchführung, geschweige denn bei der Zielplanung und Erreichung, auf keine Einschränkungen Rücksicht genommen werden muss, lediglich auf sein Trainingsalter, was die Trainingsplanung und Durchführung erleichtert.

3   Lösung Aufgabe 3

Tab. 7: Makrozyklusplanung

Mesozyklus	Kraftausdauer-training	Übergangs-training	Muskelaufbau-training	Muskelaufbau-training
Dauer	8 Wochen	8 Wochen	12 Wochen	10 Wochen
Trainingsziel	Verbesserung der anaeroben-laktaziden Energiebereit-stellung	Vorbereitug auf höhere Intesitäten	Muskelhyper-trophie	Muskelhyper-trophie

Einheit pro Woche	2	2	2	2
Orga. Form	GK/ Circuittraining	GK/ Stationstraining	GK/ Stationstraining	GK/ Stationstraining
Übung pro Muskel	1	1-2	1-2	1-2
Sätze pro Übung	1-2	1-2	1-2	1-2
Satzpausen in Sekunden	Keine	60-90	90	90
Wiederholungszahl	20	14	12	8
Intensität in %	50-70 von X-RM	50-70 von X-RM	50-70 von X-RM	50-70 von X-RM
Bewegungstempo	2/0/2	2/0/2	2/0/2	2/0/2

Die Makrozyklusplanung verfolgt das Leitbild der ILB-Methode (Individuelle-Leistungsbild-Methode), da diese speziell für den Fitness- und Gesundheitssport entwickelt wurde. Diese Methode ist geeignet, da sie prozentual festgelegte Intensitäten als Leitfaden mit sich bringt sowie Anhaltspunkte für eine Trainingsplanung mit unterschiedlichen Leistungsstufen. Eifler (2000) konnte u.a. anhand einer Krafttrainingsstudie feststellen, dass es zu enormen Kraftsteigerungen kommt, wenn mit submaximalen Intensitäten trainiert wird, was bei der ILB-Methode der Fall ist.

Aufgrund dessen, dass der Kunde mit 50-70% des X-RM trainiert, kommt es nicht zu einer extremen Überlastung des Herz-Kreislauf-Systems, weshalb ich mich u.a. für die ILB-Methode entschieden habe, da die submaximalen Intensitäten schonender für das Herz-Kreislauf-System sind „Geringe bis mittlere Intensitäten von Kraftbelastungen bei moderater Dauer scheinen damit wesentliche Voraussetzungen für eine "schonende" Belastung des Herz-Kreislauf-Systems bei dynamischen Kraftbeanspruchungen zu sein." (Zimmermann, 2000, S.95).

Bezüglich der Einheiten pro Woche bzw. Reize pro Muskelgruppe ist die Makrozyklusplanung so ausgelegt, dass zwei Reize pro Woche auf die gleiche Muskelgruppe treffen, da festgestellt wurde, dass bei gesunden Krafttrainingsbeginnern diese Art der Strukturierung zu signifikanten Kraftentwicklungen geführt hat. Zwar erwiesen sich drei Reize mit jeweils einem Tag Pause dazwischen als effizienter, jedoch wurde sich hier für zwei entschieden, um den Kunden anfänglich nicht zu überfordern (Zimmermann, 2000, S.205). Diese erfolgen durch ein Ganzkörpertraining. Im ersten Mesozyklus wird nach einen Circuit (Kreistraining) trainiert, während in den anderen Mesozyklen nach einem Stationstraining trainiert wird. Der Kunde trainiert nach einem Satztraining, da dieses gegenüber einem Einsatztraining Überlegenheiten aufweist (Buskies & Boeckh-Behrens, 2009). Bezüglich der Intensitäten bietet die ILB-Methode Richtwerte, die sich prozentual auf den vorher durchgeführten X-RM des jeweiligen Mesozyklus beziehen. Zur Auf- oder Abstufung der Intensitäten sind Richtwerte von maximal 10% pro Woche bzw. spätestens jede zweite Woche vorgesehen. Die progressive Belastungssteigerung in % ist u.a. von der in der Realität möglichen Abstufungsmöglichkeiten abhängig.

Der Kunde trainiert in allen Mesozyklen nach einem Ganzkörpertraining, da er keine Krafttrainingserfahrung mit sich bringt, und ein Splittraining nach der ILB-Methode erst nach 12 Monaten Trainingserfahrung sinnvoll ist. Die Sätze pro Übung sowie die Übungen pro Muskelgruppe belaufen sich auf 1-2, außer im Kraftausdauertraining, wo 2 Sätze pro Muskelgruppe ausgeführt werden, jedoch nur eine Übung pro Muskelgruppe, da dies ratsam bezüglich der Belastungszeit aufgrund der erhöhten Laktatbildung ist (Barsch et al., 1986 S.147).

Der erste Mesozyklus beschäftigt sich mit dem Kraftausdauertraining, da dieses u.a. die Festigkeit von Knochen, Knorpel, Bändern und Sehnen zufolge hat, aber auch die Eliminierung von muskulären Dysbalancen, was sinnvoll bezüglich der weiteren Makrozyklusplanung ist (Boeckh-Behrens/Buskies, 1998; zitiert nach Fröhlich, Klein, Emrich & Schmidtbleicher, o.J., S.24).

Bezüglich der Organisationsform wird nach einem Circuit (Kreistraining) trainiert, da dies am effektivsten zum Trainieren der Kraftausdauer ist.

„Das effektivste organisatorisch-methodische Verfahren zur Ausbildung von Kraftausdauer ist das Kreistraining … " (Barsch et al., 1986, S.147).

Des Weiteren erkannte Zimmermann (2000, S.48), dass vor allem ein Kraftausdauertraining die intermuskuläre Koordination verbessert, was hinsichtlich der weiteren Makrozyklusplanung aufgrund der steigenden Intensitäten mir notwendig erscheint, weshalb der Kraftausdauerzyklus als erster Mesozyklus des Makrozyklus geschaltet ist.

Die folgenden 3 Mesozyklen wurden bewusst als ein Stationstraining strukturiert, da sich dieses in Bezug auf die folgenden steigenden Intensitäten als öfter genutzt und damit eher geeignet erweist (Zimmermann, 2000, S.38).

Darauf folgend wird ein Übergangstraining anvisiert, welches das Ziel verfolgt, den Trainierenden auf höhere Intensitäten vorzubereiten, da der Kunde keine Trainingserfahrung mit sich bringt.

Der dritte und der vierte Mesozyklus verfolgen das Ziel des Muskelaufbaus, da der Kunde u.a. als Trainingsmotiv angab, im Sommer besser auszusehen. In Bezug darauf sind vor allem in Mesozyklus 3 und 4 mit starken Muskelmassenzuwächsen zu rechnen, aufgrund der steigenden und höheren Intensitäten (Zimmermann, 2000, S.42). Der dritte Mesozyklus ist im Vergleich zum vierten Mesozyklus eher umfangsorientiert, währenddessen der vierte Mesozyklus eher intensitätsorientiert ist. Die eher intensitätsorientierten Mesozyklen sind bewusst am Ende der Makrozyklusplanung eingebaut, um den Trainierenden nicht zu früh zu überfordern. Ein weiterer Grund für die muskelaufbauorientierten Mesozyklen am Ende der Makrozyklusplanung ist, dass es nicht sinnvoll ist, frühzeitig ein muskelaufbauorientiertes Training einzuplanen, sofern der Kunde Trainingsbeginner ist, da, bevor es zu einer Muskelquerschnittsvergrößerung (Muskelhypertrophie) kommt, es erst zu Adaptationseffekten auf neuronaler Ebene kommt, also sich hier die intramuskuläre Koordination ausbildet.

„Unmittelbare Folge dieser Prozesse ist also zunächst eine Erhöhung der Kontraktionskraft, die auf eine verbesserte intramuskuläre Koordination zurückzuführen ist. Erst wenn diese Entwicklung ein bestimmtes Ausmaß erreicht hat, kann unter Fortführung des Krafttrainings die Faserdicke zunehmen („ATP-Mangeltheorie") und somit eine Muskelquerschnittsvergrößerung (Hypertrophie) resultieren." (Blum/Friedmann, 1990; zitiert nach Mühlfriedel, 1994, S.57).

Diese Art der Planung des Makrozyklus weist eine große Effektivität auf, weshalb der Trainierende dementsprechend trainiert, was auch Prestes, Lima, Frollini, Donatto und Conte (2008) herausfanden.

4 Lösung Aufgabe 4

Tab. 8: Strukturierung des Mesozyklus 1: Kraftausdauer

Zyklusdauer	8 Wochen
spezifisches Trainingsziel	Kraftausdauer
Trainingseinheiten pro Woche	2
Organisationsform	Gk/Circuit
Übung pro Muskelgruppe	1
Sätze pro Übung	2

Satzpausen	Keine
Wiederholungszahl	20
Intensität	50-70% des 20-RM
Bewegungstempo	2/0/2

Tab. 9: Übungsauswahl des Mesozyklus 1: Kraftausdauer

Übungsauswahl Mesozyklus 1: Kraftausdauer

Übung	Wiederholungen	Sätze	Satzpausen in Sekunden
Beinpresse	20	2	Keine
Rudergerät	20	2	Keine
Brustpresse	20	2	Keine
Seitheben am Gerät	20	2	Keine
Rückenstrecken am Gerät	20	2	Keine
Crunch Gerät	20	2	Keine

Der dargestellte Mesozyklus befasst sich mit dem Trainingsziel der Kraftausdauer über eine Zyklusdauer von 8 Wochen, was ähnlich in einer Untersuchung zum Kraftausdauertraining verwendet wurde und damit effektive Kraftzuwächse festgestellt wurden (Zimmermann, 2000, S.41). In meiner Mesozyklusplanung habe ich vermehrt auf Ganzkörperübungen bzw. allgemeine Übungen gesetzt, welche vor allem direkt am Anfang des Trainings durchgeführt werden, um die Übungsanzahl relativ gering zu halten, da Barsch et al., (1986, S.138) betonen, dass allgemeine Übungen mehrere Muskeln gleichzeitig bzw. Muskelketten beanspruchen und eine erhöhte Übungsanzahl sich eher für fortgeschrittene Sportler eignet „... bei den fortgeschrittenen Sportlern ist demzufolge besonders der absolute Umfang und der Anteil spezieller Übungen im Krafttraining zu erhöhen." (Barsch et al., 1986, S.139). Dementsprechend äußern sich allgemeine Übungen auch in mehrgelenkigen Übungen. Dadurch, dass die Übungsanzahl bewusst niedrig gehalten wurde, verkürzt sich automatisch auch die absolute effektive Belastungszeit abzüglich der Pausen, welche nicht über 10-15 Minuten liegen sollte (Barsch et al., 1986, S.147). Des Weiteren wird gezielt die intermuskuläre Koordination durch diesen Kraftausdauerzyklus verbessert, weshalb u.a. Übungen wie die Beinpresse oder das Rudergerät gewählt wurden, da hier Muskelketten zusammenarbeiten, wodurch die intermuskuläre Koordination verbessert wird. Der Fokus in diesem Mesozyklus liegt ausschließlich auf Maschinen, da diese Bewegungen geführt sind, wodurch erstens die

Fehlerquote und somit auch das Verletzungsrisiko sehr gering ist, und zweitens somit auch eher eine gleichmäßige muskuläre Beanspruchung über die gesamte Bewegungsamplitude vorhanden ist (Gimbel, 2014, S.124). Aufgrund dessen, dass ein Circuittraining durchgeführt wird, sind keine Satzpausen vorhanden. Barsch et al. (1986, S.147) betonen, dass die effektivste Methode zur Verbesserung der Kraftausdauer durch eine Durchführung eines Kreistrainings gegeben ist. Die Satzanzahl äußert sich so, dass insgesamt 2 Runden in diesem Kreistraining durchgeführt werden (2 Sätze). Zwar sind die Intensitäten durch die ILB-Methode vorgeschrieben, jedoch erkannten auch Barsch et al. (1986, S.147) dass submaximale Intensitäten, ähnlich der ILB-Methode, empfehlenswert sind hinsichtlich eines Kraftausdauertrainings, da sonst der mögliche Gesamtumfang des Kreistrainings eingeschränkt werden würde. Bezüglich der Übungsauswahl des Mesozyklus habe ich die Übungsabfolge nach Größe der Muskulatur geordnet. Des Weiteren habe ich die Übungen nach Funktionalität und geringem Verletzungsrisiko ausgewählt, weshalb alle Übungen sitzend ausgeführt werden, mit teils Rückenlehnen, um das Verletzungsrisiko zu minimieren und einer gleichmäßigen Übungsauswahl, um eine gleiche Beanspruchung von Agonisten, Synergisten und Antagonisten zu gewährleisten (Mühlfriedel, 1994, S.293,294).

Beispielsweise wurde das "Rückenstrecken am Gerät" ausgewählt, um präventiv im LWS-Bereich zu arbeiten, da davon auszugehen ist, dass dieser Wirbelsäulenbereich aufgrund der sitzenden beruflichen Tätigkeit regelmäßig stark- und vor allem fehlbelastet wird. Durch diese Bewegungsausführung werden die Bandscheiben genährt und gleichzeitig durch die muskuläre Beanspruchung entlastet (Gimbel, 2014, S.96).

Gleichzeitig wird die Bauchmuskulatur, am "Crunch Gerät", als antagonistische Muskulatur trainiert, um einerseits keine Dysbalancen entstehen zu lassen, aber andererseits eine korrekte Körperhaltung zu fördern, wofür diese zuständig ist (Gimbel, 2014, S.97). Dementsprechend wird die Rumpfmuskulatur hier gleichmäßig trainiert, was ratsam ist: „Bei der Planung und Steuerung des Krafttrainings sind vorrangig Bauch- und Rückenmuskulatur balanciert zu kräftigen" (Gimbel, 2014, S.123).

Die Übung "Seitheben am Gerät" stärkt gezielt die Schultermuskulatur, was notwendig ist, da diese grundsätzlich im Alltag vernachlässigt ist, aber vor allem, weil das Schultergelenk primär durch Muskulatur gesichert ist, weshalb dies einerseits präventiv gegen Luxationen (Ausrenkungen) aber auch zur gleichmäßigen Stärkung der oberen Extremitäten ausgeführt wird (Gimbel, 2014, S.99; Weineck, 2016, S.147).

Die "Beinpresse" ist die Übung, in der der größte muskuläre Anteil beansprucht wird. Während eine Extension in der Hüfte ausgeführt wird, wird auch eine Extension im

Kniegelenk und eine leichte Plantarflexion im oberen Sprunggelenk ausgeführt, wodurch fast die gesamte Muskulatur der Beine beansprucht wird, weshalb ich diese Übung ausgewählt habe, da diese Übung eine sehr realitätsnahe und funktionelle Übung ist. Sie ist vergleichbar mit dem "in die Hocke gehen".

Die Übung "Rudern am Gerät" ist zur Stärkung der Rückenmuskulatur geeignet. Dies ist vor allem hilfreich für das Stabilisieren der Wirbelsäule aber auch notwendig beim Aufrichten in der Wirbelsäule, weshalb ich diese Übung ausgewählt habe (Güllich & Krüger, 2013, S.105).

Die Übung "Brustpresse" habe ich ausgewählt, um Agonisten und Antagonisten gleichmäßig zu trainieren, um keine Dysbalancen entstehen zu lassen (Mühlfriedel, 1994, S.293). Weiter hat diese Muskulatur die Funktion, das Schulterblatt zu bewegen, da sie in Verbindung mit dem Schultergürtel steht (Güllich et. al., 2013, S. 105).

Bezüglich der Bewegungsgeschwindigkeit in diesem Mesozyklus habe ich mich für eine Geschwindigkeit von 2 Sekunden in der konzentrischen Phase, 0 Sekunden in der statisch haltenden Position, und 2 Sekunden in der exzentrischen Phase entschieden (2/0/2). Dies hat den Grund, dass in einem Kraftausdauerzyklus gefordert ist, die Ermüdungswiderstandsfähigkeit zu verbessern, somit also einen Wiederstand über einen langen Zeitraum zu bewegen. Deshalb ist die Spannungsdauer vor allem hier von Bedeutung, was durch diese gewährleistet wird „Die Bewegungsgeschwindigkeit sollte der gewählten Widerstandsgröße und der Zielstellung der Krafttrainingseinheit entsprechend optimal schnell sein." (Barsch et al., 1986, S.141).

5 Lösung Aufgabe 5

Tab. 10: Studie 1 (Church, TS. et. al., 2011)

	Erste Studie
Autoren der Studie	Church, TS. et. al.
Veröffentlichung	2011
Versuchspersonen	262 Frauen und Männer aus Louisana mit Diabetes Mellitus Typ 2 und einem HbA1c Wert über 6,5%.

Versuchsaufbau	41 Personen führten keinen Sport aus und gehörten zur Kontrollgruppe. 73 Personen führten ausschließlich Krafttraining 3x die Woche aus, 72 Personen führten Ausdauertraining durch und 76 führten Kraft- und Ausdauertraining durch, wobei das Krafttraining 2x die Woche ausgeführt wurde. Untersucht wurden primär die Veränderungen des HbA1c und sekundär die Fitness und der Fettverlust.
Ergebnisse	Die Kraft- und Ausdauertrainingsgruppe konnte den HbA1c um 0,03% bis zu 0,34% senken, während die Krafttrainingsgruppe bei 0,16% bis 0,15% Verbesserung lag und die Ausdauertrainingsgruppe bei 0,24% bis 0,07% im Vergleich zur Kontrollgruppe. Alle Gruppen, die Sport trieben, verloren Gewicht: die Kraft- und Ausdauertrainingsgruppe 2,3-1,1 Kg, die Krafttrainingsgruppe 2-0,7 Kg.
Schlussfolgerungen	Im Vergleich zur Kontrollgruppe verbesserten sich die HbA1c Werte der Kraft- und Ausdauertrainingsgruppe am meisten. Dies wurde nicht bei der nur Ausdauer- oder nur Krafttrainingsgruppe geschafft.

Tab. 11: Studie 2 (Egger, A. et. al., 2013)

	Zweite Studie
Autoren der Studie	Egger, A. et. al.
Veröffetnlichung	2013
Versuchspersonen	32 Personen mit Diabetes Mellitus Typ 2, 13 Männer & 19 Frauen
Versuchsaufbau	Personen wurden zufällig entweder der Gruppe zugeteilt, welche Hypertrophietraining durchführten (16 Personen, 2 Sätze, 10-12 Wdh., 70% von 1-RM), oder der Gruppe, welche Kraftausdauertraining durchführten (16 Personen, 2 Sätze, 25-30 Wdh., 40 % des 1-RM). Zusätzlich führten alle ein Ausdauertraining durch an 2 zusätzlichen Tagen. An denen fuhren sie für 1 Stunde bei 70% der maximalen Herzfrequenz.
Ergebnisse	Nach 8 Wochen waren Verbesserung des Glucose und Fructose Level, Gewichts, BMI, Hüftumfangs, überschüssigen Körperfett, Ruhepuls, und des Systolischen und Diastolischen Blutdrucks zu sehen, welche jedoch nicht gruppenspezifisch festgestellt werden konnten. Des Weiteren verbesserten sich die Muskelmasse an den Armen und die sportliche Belastbarkeit. Die Maximalkraft verbesserte sich zudem bei der Hypertrophietrainingsgruppe mehr als bei der Kraftausdauergruppe.

	Spezifisches Brustmuskelhypertrophietraining führte zu wesentlichen Verbesserungen im Vergleich zur Kraftausdauertrainingsgruppe. Bei beiden waren gleichstarke Verbesserungen im Bereich Gewicht, Hüftumfang, Muskelmasse, physischer Belastbarkeit und Blutzuckerkontrolle festzustellen. Abschließend ist zu sagen, dass beide Trainingsvarianten starke Effekte zeigten, weshalb beide Arten des Krafttrainings in Bezug auf die Therapie des Diabetes mellitus Typ 2 in Betracht gezogen werden sollten.
Schlussfolgerungen	

6 Literaturverzeichnis

Barsch, J., Bauersfeld, M., Berger, J., Blume, D-D., Bringmann, W., Feck, G. et al. (1986). Trainingslehre. *Einführung in die Theorie und Methodik des sportlichen Trainings* (10., überarbeitete Auflage) Berlin: Sportverlag.

Buskies, W. & Boeckh-Behrens, W.-U. (2009). Fitness-Gesundheits-Training. *Die besten Übungen und Programme für das ganze Leben* (Bd. 61084). Reinbek bei Hamburg: Rowohlt.

Church, TS. et al. (2011). Effects of aerobic and resistance training on hemoglobin A1c levels in patients with type 2 diabetes: a randomized controlled trial. Zugriff am 14.03.2018. Verfügbar unter https://www.ncbi.nlm.nih.gov/pubmed/21098771

Egger, A. et al. (2013). Different types of resistance training in type 2 diabetes mellitus: effects on glycaemic control, muscle mass and strength. Zugriff am 15.03.2018. Verfügbar unter https://www.ncbi.nlm.nih.gov/pubmed/22637738

Eifler, C. (2000). Krafttraining nach der ILB-Methode – Eine empirische Überprüfung der Trainingseffekte bei Anfängern und Fortgeschrittenen. Unveröffentlichte Diplomarbeit, Universität des Saarlandes. Saarbrücken.

Eifler, C. (2017). Studienbrief Trainigslehre 1 – Gesundheitsorientiertes Krafttraining (rev.18.026.000). Saarbrücken: Deutsche Hochschule für Prävention und Gesundheitsmanagement.

Fröhlich, M., Klein, M., Emrich, E. & Schmidtbleicher, D., o.J. Arbeit als Bruttokriterium der Belastung im Kraftausdauertraining. Zugriff am 14.03.2018. Verfügbar unter https://www.researchgate.net/profile/Markus_Klein/publication/228118034_Arbeit_a ls_Bruttokriterium_der_Belastung_im_Kraftausdauertraining/links/09e4150ade6016 e8da000000/Arbeit-als-Bruttokriterium-der-Belastung-im-Kraftausdauertraining.pdf

Gimbel, B. (2014) Körpermanagement. *Handbuch für Trainer und Experten in der betrieblichen Gesundheitsförderung* [PDF-Dokument]. Zugriff am 14.03.2018. Verfügbar unter 10.1007/978-3-662-43643-1

Güllich, A., Krüger, M. (2013). Sport. *Das Lehrbuch für das Sportstudium* [PDF-Dokument]. Zugriff am 14.03.2018. Verfügbar unter 10.1007/978-3-642-37546-0

Mancia, G., Fagarf, R., Narkiewicz, N., Redon, J., Zanchetti, A., Böhm, M. et al. (2013). ESH/ESC Task Force for the Management of Arterial Hypertension. *Journal of Hypertension,* 31:1925–1938. Zugriff am 14.03.2018. Verfügbar unter http://www.hypertenzia.org/media/files/dokumenty/2013_practice_guidelines_for_th e_management_of.2.pdf

Mühlfriedel, B. (1994). Trainingslehre (5., überarbeitete und erweiterte Auflage) Frankfurt am Main: Verlag Moritz Diesterweg GmbH & Co.

Prestes, J., Lima, C. de, Frollini, A. B., Donatto, F. F. & Conte, M. (2008). Comparison of linear and reverse linear Periodization effects on maximal strength and body composition. Journal of Strength and Conditioning Research, 23 (1), 266-274.

Weineck, J. (2016). Sportanatomie (18., überarbeitete Auflage). Balingen: Spitta Verlag GmbH & Co. KG

Zimmermann, K. (2000). Gesundheitsorientiertes Muskelkrafttraining. *Theorie – Empirie – Praxisorientierung.* Schorndorf: Verlag Karl Hofmann.

7 Abbildungs- und Tabellenverzeichnis

7.1 Tabellenverzeichnis

Tabelle 1	Allgemeine Daten
Tabelle 2	Biometrische Daten
Tabelle 3	Blutdruck Normwerte
Tabelle 4	Allgemeiner Gesundheitszustand
Tabelle 5	20-RM Krafttest
Tabelle 6	Zielsetzung
Tabelle 7	Makrozyklusplanung
Tabelle 8	Strukturierung des Mesozyklus 1: Kraftausdauer
Tabelle 9	Übungsauswahl des Mesozyklus 1: Kraftausdauer
Tabelle 10	Studie 1
Tabelle 11	Studie 2